For Yoona, and all the other young curious minds.
It's okay to fall. You can always get back up and try again.

wáng　　wēi　　wēi
# 王薇薇

Vera Wang

zài fán máng de niǔ yuē shì lǐ yǒu yī wèi míng jiào wáng wēi wēi de xiǎo nǚ hái
在繁忙的纽约市里，有一位名叫王薇薇的小女孩。

wēi wēi tè bié xǐ huān huá bīng jī hū měi tiān dū huā hǎo jǐ gè xiǎo shí liàn xí
薇薇特别喜欢滑冰，几乎每天都花好几个小时练习。

tā xǐ huān nèi xiē piào liàng de fú zhuāng měi miào de yīn yuè hái yǒu huá bīng shí
她喜欢那些漂亮的服装、美妙的音乐，还有滑冰时

yōu měi dí dòng zuò mèng xiǎng zhe zǒng yǒu yì tiān néng chéng wéi huá bīng guàn jūn
优美的动作。梦想着总有一天能成为滑冰冠军。

In bustling New York City, there was a little girl named Vera Wang. Vera enjoyed ice skating so much that she spent hours practicing almost every day. She loved the beautiful costumes, music, and graceful movements and dreamed of becoming a champion skater one day.

但是,尽管她这么多年都很努力训练,薇薇还是没能进入美国奥运花样滑冰队。

But even though she worked really hard for years, Vera couldn't make it to the U.S. Olympic figure skating team.

这让她感到很难过,不过她也明白,是时候去尝试一些新的东西,找到其他的兴趣了。

She felt sad but knew it was time to try different things and find other passions.

wēi wēi shàng dà xué shí
薇薇 上 大学时，

jué dìng qù fǎ guó bā lí shēng huó yī duàn shí jiān
决定去法国巴黎生活一段时间，

qù kàn kàn wài miàn dí shì jiè　zài bā lí　tā fā xiàn le xǔ duō bù tóng de fēng
去看看外面的世界。在巴黎，她发现了许多不同的风

gé hé měi lì de shì wù　bù jiǔ hòu　tā ài shàng le shí shàng
格和美丽的事物。不久后，她爱上了时尚！

When Vera was in college, she decided to spend time in Paris, France, to explore a different part of the world. In Paris, she discovered many different styles and beautiful things. Soon, she fell in love with fashion!

wēi wēi jué dìng zài yī jiā hěn yǒu míng de shí
薇薇决定在一家很有名的时
shàng zá zhì zhǎo dì yī fèn gōng zuò
尚杂志找第一份工作。

Naturally, Vera decided to work at a famous fashion magazine for her first job.

zài nà tā xué dào le hěn duō guān yú shí shàng
在那她学到了很多关于时尚
de zhī shí hái xiě le xǔ duō guān yú zuì xīn
的知识,还写了许多关于最新
cháo liú de wén zhāng píng zhe tā de chuàng yì hé
潮流的文章。凭着她的创意和
nǔ lì tā zhì zuò le xǔ duō ràng shù bǎi wàn
努力,她制作了许多让数百万
rén dōu ài kàn de zá zhì
人都爱看的杂志。

She learned all about fashion and wrote stories about the latest trends. With her creativity and hard work, she published numerous magazines that millions of people enjoyed.

薇薇很喜欢这份工作，但她也想自己设计衣服。虽然离开自己喜欢的工作有点难过，但她知道，像以前一样，是时候去探索一个全新的世界了。于是，她加入了一家大型时尚公司。

Vera loved her job, but she aspired to create clothes, too. Although it wasn't easy to leave what she loved, she knew it was time to explore a new world, just as she had before. So, she joined a big fashion company.

不过，薇薇遇到了新的挑战。她的创意需要和公司的风格相匹配。她特别希望能有机会完全自由地设计，展现自己的独特想法。

However, Vera faced new challenges. Her imagination had to align with the company's style and direction. She craved the opportunity to fully express herself and bring her unique ideas to life.

有一天，薇薇准备要结婚了。她找遍了所有商店，但就是找不到一件让自己满意的婚纱。

One day, when Vera was getting married, she searched for the perfect dress but couldn't find anything that felt right for her.

yú shì tā jué dìng qīn shǒu shè jì yī jiàn wán quán fú hé zì jǐ xīn yì de
于是，她决定亲手设计一件完全符合自己心意的
hūn shā tā lì mǎ jiù kāi shǐ xíng dòng le
婚纱。她立马就开始行动了。

So she decided to design her own dress just the way she wanted. She put her plan into action right away.

zhè jiàn hūn shā jiǎn dān yòu yōu yǎ　zuì zhòng yào de shì　tā ràng wēi wēi
这件婚纱简单又优雅,最重要的是,它让薇薇
zhǎn xiàn zhēn zhèng de zì jǐ
展现真正的自己。

The dress was simple, elegant, and most importantly, it made her feel like herself.

dà jiā dōu fēi cháng xǐ huān zhè jiàn hūn shā　wēi wēi xīn xiǎng tā yě kě
大家都非常喜欢这件婚纱,薇薇心想,她也可
yǐ wéi bié rén shè jì piào liàng de hūn shā　zhè gè xiǎng fǎ yǒu diǎn xià rén
以为别人设计漂亮的婚纱。这个想法有点吓人,
dàn tā xīn lǐ míng bái　zì jǐ yīng gāi dà dǎn cháng shì
但她心里明白,自己应该大胆尝试。

Everyone loved it so much that Vera thought she could make beautiful wedding gowns for others too. It was definitely a scary idea, but deep inside, she knew she should give it a try.

yú shì　　wēi wēi zài niǔ yuē kāi le　yī jiā zì　jǐ de diàn
于是，薇薇在纽约开了一家自己的店。

tā xiǎng wèi měi gè xīn niáng shè jì　yī jiàn tè bié de hūn shā
她想为每个新娘设计一件特别的婚纱，

ràng tā men zài hūn lǐ dàng tiān gǎn dào měi lì　yòu　zì xìn
让她们在婚礼当天感到美丽又自信。

So Vera opened her own store in New York City. She wanted to create dresses that made every bride feel special and beautiful on their big day.

<sup>wēi wēi de shè jì hěn kuài jiù dà mài shèn zhì yǒu hěn duō míng xīng dōu</sup>
薇薇的设计很快就大卖,甚至有很多明星都
<sup>zhǎo tā shè jì hūn shā</sup>
找她设计婚纱。

Her unique designs quickly became so popular that many celebrities started asking her to make dresses for their weddings.

<sup>suí zhe wēi wēi de hūn shā diàn yuè kāi yuè dà</sup> <sup>tā yīn wèi jīng yàn de</sup>
随着薇薇的婚纱店越开越大,她因为惊艳的

<sup>shè jì yíng de le xǔ duō jiǎng xiàng</sup>
设计赢得了许多奖项。

As Vera's bridal shop grew, she received many awards for her stunning designs.

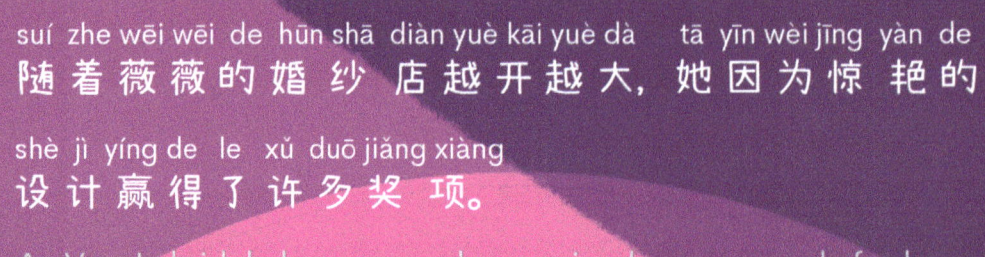

她的婚纱出现在各种时尚杂志、电视节目和电影里。薇薇的才华和努力让她成为了真正的时尚偶像。

Her dresses appeared in various fashion magazines, TV shows, and movies. Vera's talent and dedication made her a true fashion icon.

dàn shì wēi wēi bìng méi yǒu tíng xià jiǎo bù　tā gǔ qǐ yǒng qì　bǎ tā de
但是薇薇并没有停下脚步。她鼓起勇气,把她的

pǐn pái kuò zhǎn dào le yǎn jìng　xiāng shuǐ chéng yī　xì liè　shèn zhì hái yǒu
品牌扩展到了眼镜、香水、成衣系列,甚至还有

jiā jū zhuāng shì
家居装饰。

But Vera didn't stop there. She took courage and expanded her brand to include eyewear, perfumes, ready-to-wear collections, and even home décor.

tā de xiǎo diàn pù biàn chéng le yí gè guó jì pǐn pái shòu dào le
她的小店铺变成了一个国际品牌，受到了

quán shì jiè hěn duō rén de xǐ ài
全世界很多人的喜爱。

Her small shop grew into a massive, international brand that many people around the world loved.

duì yú wēi wēi lái shuō
对于薇薇来说,
shí shàng jiù xiàng huá bīng yí yàng
时尚就像滑冰一样,
yǒu sù dù　yǒu dòng zuò
有速度,有动作。

For Vera, fashion was very similar to skating. There's speed, and there's movement.

dāng nǐ shuāi dǎo shí
当你摔倒时,
nǐ bì xū zhàn qǐ lái　zài shì yī cì
你必须站起来,再试一次。

When you fall, you need to get up and try again.

经过这么多年的努力,她学会了用快乐的心情去面对和克服这些挑战。

Over time, she learned to embrace and move through these challenges with joy.

wēi wēi jiào huì wǒ men, bú yào dān xīn hài pà,
薇薇教会我们，不要担心害怕，
zhòng yào de shì yǒng gǎn xiàng qián, qù cháng shì xīn dōng xī
重要的是勇敢向前去尝试新东西。

Vera taught us that it's okay to be scared.
The important thing is to look forward,
be brave, and try new things.

rú guǒ yǒu de mén guān shàng le
如果有的门关上了，
nǐ kě yǐ zài zhàn qǐ lái xún zhǎo lìng yī shàn mén
你可以再站起来，寻找另一扇门！

If some doors are closed, you can always
get up and look for another door!

# The Story of *Vera Wang*

Little Vera, the Skater

Vera Dreaming of Joining the Olympic Team

Vera's Wedding Day

Vera Wang's journey in fashion didn't happen overnight—it was built on years of hard work and a willingness to try new things. After the disappointment of not making the Olympic skating team, Vera could have given up on her dreams. Instead, she sought out new passions, and that decision changed her life.

When her first bridal designs were praised, Vera didn't stop there. She knew success wouldn't come easily, so she continued to push boundaries,

Vera's First Bridal Shop in 1990    Vera's Beautiful Dress on a TV Show    Receiving the National Medal of the Arts

expanding her work into new fields like evening gowns, perfumes, and even home décor.

Her resilience paid off, and she became one of the most famous designers in the world, known not only for her stunning creations but also for her spirit of constant growth and learning. Vera Wang's story shows that when life takes an unexpected turn, staying strong and believing in yourself can lead to extraordinary achievements.

© Copyright 2024 - Yeonsil Yoo, all rights reserved.
Paperback ISBN: 978-1-998277-49-0
Hardback ISBN: 978-1-998277-50-6

www.upflybooks.com

No part of this publication may be reproduced, stored in a retrieval system, or transmitted in any form or by any means, electronic, mechanical, photocopying, recording, or otherwise, without the prior written permission of the publisher, except as permitted under copyright law.

Photographic acknowledgments (pages 30-31):
Vera Wang's Instagram and X (@VeraWang)
Penske Media via Getty Images for Vera Wang's First Bridal Shop
Photo by Patrick Demarchelier, Vogue, June 2008, featuring Sarah Jessica Parker

# Other Bilingual Simplified Chinese-English Books by the Author

Get Your Next eBook for FREE! Scan the QR code or visit upflybooks.com to sign up as a beta reader!

www.ingramcontent.com/pod-product-compliance
Lightning Source LLC
Chambersburg PA
CBHW061351010526
44107CB00011B/901